Marie Gauvillé

Une colo 4 étoiles

Ernst Klett Verlag
Stuttgart · Leipzig

Les personnages de l'histoire

MIREILLE

ÉMILE

MÈRE
DE JADE
MÈRE
DE LOU

TIM

Table des matières

1. Jade et Lou partent en colo.

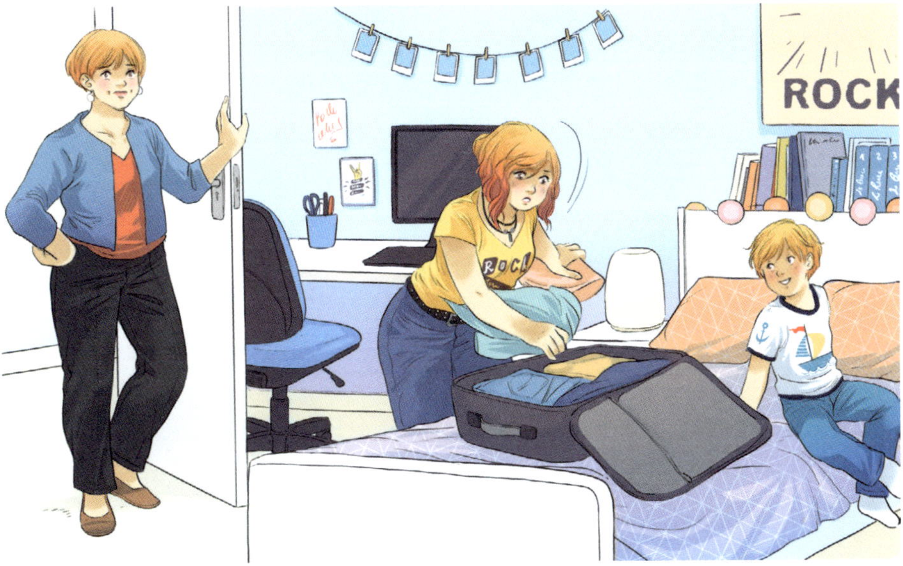

À Bordeaux, chez les Soulas …

– Jade! Jaaaade! Tu as fini? Où est ta valise?
– Je suis en train de la faire, maman.
– Et ton sac à dos?
– Dans le salon, à côté de mes chaussures.
– Oh là là! On ne va jamais être à l'heure!
– Maman! Maman! Jade a pris son doudou!
– Tim! Sors de ma chambre!
– Jade est un bébé! Jade est un bébé! Jade est un …
– Tim, arrête! Laisse ta sœur finir sa valise, sinon on va être en retard à la gare.
– Maman, tu m'as préparé un goûter pour le voyage?
– Bien sûr, ma chérie! Pendant que tu prenais ta douche, ton frère et moi t'avons préparé un bon goûter.

– Génial! Merci, maman, et merci, Tim. Le voyage jusqu'à Marseille est tellement long … Si je ne mange pas pendant cinq heures, je vais mourir.
– Euh … Personne n'est jamais mort de faim dans cette famille, Jade.
– Ben, si on oublie mon goûter et que je meurs de faim dans le train, je serai la première!
– Oh là là, Jade! Tu es sûre que ça va aller?
– Moi oui, maman. Et toi?
– Ne te moque pas de ta mère, Jade! Ce n'est pas gentil! C'est la première fois que tu pars en colo, pour moi, ce n'est pas facile. Je suis vraiment désolée! Cette année, je ne peux pas prendre mes vacances avec vous, et comme ta grand-mère vient de tomber amoureuse, elle ne veut pas voir ses petits-enfants. Quelle galère ces grandes vacances!
– Maman: c'est pas mamie Gâteau qui ne veut pas nous voir, c'est moi qui préfère la colo! Regarder ma grand-mère faire des bisous à son amoureux toute la journée … beurk!

– Tu as raison, c'est très bizarre de voir ma mère être comme une ado. Bon, d'accord, Jade. Allez! Tu as un quart d'heure pour finir, après il faut partir à la gare.

– Et moi? Personne ne me demande si j'ai envie d'aller au centre aéré toute la journée?
– Pauvre Tim! C'est vrai! Alors: est-ce que mon petit chat d'amour est content d'aller au centre aéré ou est-ce que ses copains et lui ont peur de trop s'amuser?
– Très drôle, Jade! C'est à mourir de rire ta blague!
– Bon allez! Tim, sors de cette chambre, Jade, tu finis et on y va! Oh là là! Tu es sûre que c'est O. K. pour toi, ma chérie? Deux semaines de colo, c'est long, non?
– T'inquiète, maman! Et je ne suis pas seule. Il y a Lou.

Pendant ce temps, chez les Dufour …

– Lou! Louououououou! Tu as fini? Où est ta valise?
– Je suis en train de la faire, maman!
– Et ton sac à dos?
– Dans le salon, à côté de la table!
– Parfait! Le train part à quelle heure? J'ai oublié!
– 13h52.
– Bon, tu as encore le temps, c'est bien. T'es sûr que tu veux prendre le bus?

– Sûr! L'arrêt est juste en bas, on ne va pas prendre la voiture pour aller à la gare!
– Et avec la valise et le sac à dos, tu vas arriver à descendre les deux étages seul?
– Grâce à mes super pouvoirs, ça ira. Et ce n'est pas la première fois que je pars en colo, maman.
– C'est vrai! Bon ben, je vais au boulot alors. N'oublie pas ta gourde et … Ah zut! J'ai oublié de te faire un goûter.
– T'inquiète! Je suis sûr que Jade a pensé au goûter. Nous ne mourrons pas de faim.
– Bon, alors bonnes vacances, mon chéri!
– Merci, maman! Tu feras un bisou à papa de ma part? Il est parti tôt ce matin, je ne l'ai pas vu.
– Ça marche! Appelle-moi quand vous êtes à Marseille, O. K.?
– O. K., m'man!

2. Moi, c'est Yannis!

Finalement, le voyage a été très rapide. Jade et Lou se sont entraînés à parler avec l'accent marseillais («avé l'akzan»). Ils ont fait une compétition de mensonges (c'est toujours Lou qui gagne). Ils ont parlé de leurs séries télévisées préférées et lu tout le numéro spécial d'*AdoMag* sur les sportifs célèbres.

– Tu savais, toi, qu'il y a une sportive française, championne du monde de pétanque?

– Arrête, Lou! C'est encore un mensonge ça, mais on ne joue plus!

– Pas du tout! Elle s'appelle Cindy Peyrot, c'est une joueuse très célèbre, regarde! C'est elle qui est sur la couverture du magazine. La rédaction l'a rencontrée à Marseille le mois dernier, mais tu sais qu'elle s'entraîne à Montpellier maintenant?

Tout à coup, une voix a dit:

– Dans quelques instants, nous allons arriver à Marseille!

Et ce sont deux amis heureux du voyage qui sont descendus du train.

– C'était le voyage le plus court de ma vie! Regarde, Jade! Je crois que ce sont les animateurs qui nous attendent, là!
– Ah oui! Ce sont bien eux que tu as vus. Génial! Tout se passe trop bien. On s'ennuie presque.

Si elle savait …

La colonie des Sardines à l'Huile n'est pas loin du centre-ville. Une fois que les ados se sont installés, tout le monde se retrouve dans la très grande salle à manger. Pendant que les animateurs se présentent, et présentent le programme de la semaine, Lou et Jade voient un garçon de leur âge. Il se cache presque derrière un rideau. Curieux, les deux amis s'approchent de lui.
– Salut! Qu'est-ce que tu fais, toi?
– Rien! Je veux seulement qu'on m'oublie.
– Quelle idée! Pourquoi?
– Parce que je ne veux pas être ici, voilà pourquoi. Je veux rentrer chez moi!
Le garçon n'a pas l'air sympa, mais Jade continue.
– C'est où chez toi? Nous, on vient de Bordeaux. Je m'appelle Jade et ça, c'est Lou.
– Moi, c'est Yannis, je suis Parisien et je déteste Marseille.

3. Marseille raconté par Yannis

Yannis leur raconte qu'il vient d'arriver dans la cité marseillaise. Avant, il vivait à Paris avec ses parents et ses deux petites sœurs.

– Mais ma mère a trouvé un nouveau boulot. Elle, elle est ingénieure, et mon père prof. Ma mère travaille sur un nouveau chantier, à côté de la Canebière.

– C'est génial! Tu as de la chance d'être ici! Au moins, il fait beau, c'est pas comme à Paris …

– Pffffff! Tu n'y connais rien, toi! À Paris, on adore aussi la pluie et le mauvais temps!

– Euh … Yannis, c'est un prénom maghrébin?

– Ben oui! Mes grands-parents sont du Maroc. Mais moi, je suis de Paris, c'est pas la même chose!

Les deux amis rigolent, et Yannis rit lui aussi.

– Ce garçon est original, pense Lou.

– Si tu connais déjà Marseille, tu peux peut-être nous faire faire une visite guidée! On a du temps libre cette semaine entre deux activités …

– Une visite guidée? Pffff! Il n'y a rien à voir ici! Il y a un seul grand musée, le MuCEM. À Paris, on en a des milliers! Croyez-moi, les amis. Je viens en vacances ici depuis mes deux ans, j'ai déjà tout vu. À Marseille, tous les Parisiens meurent d'ennui!
Yannis exagère tellement que les amis sont morts de rire. Il ressemble à un comédien qui joue la comédie.
– Pourquoi tu es dans cette colo si tu habites ici, alors? demande Jade.
– Ça, c'est encore une super idée de mes parents. Ils pensent que si je passe deux semaines avec des gens de mon âge, je vais finir par aimer cette ville. Mais moi, je me sens comme un prisonnier dans cette colo. Je me sens comme le Comte de Monte-Cristo au château d'If. C'est un vrai cauchemar!
Les amis rient de plus en plus fort. Vraiment, leur nouvel ami est un peu fou mais très drôle. Et surtout: il ne manque pas de confiance en soi.
– Comme tous les Parisiens, se dit Lou.
– Allez, Yannis! Ne te décourage pas! Je suis sûr que Marseille a encore beaucoup de surprises, pour toi!

S'il savait …

4. Le pirate

– Bon, vous avez compris les règles?
– Oui, Bob!
– Alors suivez-moi! Je vais vous donner le matériel.

Aujourd'hui, la colo est à ILLUCITY, un endroit où il y a des jeux d'évasion. Jade, Lou et leur nouvel ami Yannis sont super contents. Lou et Yannis adorent les jeux d'évasion, et Jade rêve d'essayer depuis longtemps.
– En plus, c'est en réalité virtuelle, c'est trop stylé la RV! a dit Yannis quand il a vu le programme.

Tout le groupe est enfermé dans une pièce sombre. L'animateur leur donne des lunettes spéciales, qu'on appelle un casque de RV, et des manettes. Le jeu commence.

Au début, Jade ne comprend pas où ils sont. Dans son casque, elle voit une vieille ville qu'elle ne connaît pas. C'est vraiment bizarre: elle sait qu'ils sont dans une pièce, mais grâce à la réalité virtuelle, c'est comme marcher dans une ville inconnue. Un peu inquiète, elle suit ses amis. L'animateur leur a expliqué le jeu: dans une vieille ville, il y a un prisonnier. C'est un célèbre pirate, et les amis doivent organiser son évasion. Quand elle a entendu ça, Jade a pensé:

– Pffff! Trop facile!

Mais maintenant, elle voit ce que c'est, la réalité virtuelle, et elle se sent un peu paniquée. Rien n'est comme dans la vraie vie. Marcher n'est pas pareil, bouger les mains n'est pas pareil, même entendre n'est pas pareil. Trop bizarre …

Jade et Lou suivent Yannis. Tout à coup … Là! Cette très grande silhouette! Oui, c'est bien ça, c'est Notre-Dame de la Garde, le célèbre monument marseillais. Alors Jade comprend: ils sont au cœur de la cité phocéenne.

Les autres aussi ont reconnu la Bonne Mère. Maintenant, ils savent où aller pour trouver le prisonnier.
– Si nous suivons ce chemin, on ira plus vite que les autres, leur dit Yannis.
Mais dans la réalité virtuelle, le monde n'est pas pareil.

Pour Jade, c'est la première fois qu'elle fait un jeu d'évasion, et la première fois qu'elle a un casque de réalité virtuelle. Elle doit s'habituer aux sensations. Par exemple, quand elle marche dans une vieille rue, elle sent le sable sous ses pieds. Quand elle s'approche du port, elle entend le bruit de la mer. Sur une place, un chien court vers elle. Il court vite, et il grogne! Jade sait qu'elle est dans une pièce, qu'il n'y a pas de chien et qu'il n'y a pas de danger: elle a quand même très très peur. Mais c'est ça, la réalité virtuelle: c'est génial, et en même temps, ça fait un peu peur.

La colo s'amuse bien. Les jeunes rient, font des grands gestes avec leurs manettes, tombent quand ils vont trop vite …
Ils doivent lutter contre des ennemis (des faux bien sûr!), répondre à des énigmes et marcher dans une ville qui est comme Marseille, mais le Marseille des pirates. Parfois, ils rentrent dans un mur, même si la pièce est très grande. On entend:
– Aïe!
– Fais attention!
Et aussi:
– Yannis? C'est toi?
– Mais non! Moi, c'est Bob!

Après une demi-heure de jeu, tout le monde est tellement dans la réalité virtuelle que personne ne pense plus au monde réel.

Jade, Lou et Yannis sont presque arrivés à ouvrir la dernière porte, ils doivent encore répondre à 10 questions sur Marseille (par exemple «Comment s'appelle le skatepark marseillais?» ou encore «Qu'est-ce qui est plus près de Marseille: l'Italie, la Grèce, ou le Maghreb?»), et le pirate pourra sortir de sa prison.

Tout à coup, le cœur de Jade s'arrête, presque. Là! Dans le coin! Un homme avec une arme! Mais qu'est-ce que …?

Jade se dit que non, que c'est dans le jeu, que tout va bien, mais l'homme se met à courir. Jade sent qu'il la pousse, elle tombe, elle crie …

Vite! Son casque! L'homme n'est plus là. Mais Jade a eu le temps de voir quelque chose qui brille: une boucle d'oreille. Une boucle d'oreille avec un croissant et quatre étoiles …

5. Virtuel ou réel!

– Mais Jade, c'est impossible!
– Lou! Je te dis que j'en suis sûre!
– Comment veux-tu voir un homme armé avec un casque de RV?
– Je ne sais pas, mais je suis sûre!
– C'était peut-être dans le jeu.
– Mais Yannis! Il m'a poussée!

Jade a eu très peur. Et elle a crié tellement fort! Bob, l'animateur, est tout de suite arrivé. Il lui a demandé si ça allait, elle a dit que non. Bob a dit:
– Qu'est-ce qu'il y a?
Et Lou a répondu:
– Rien. Jade voit des fantômes.
Pendant que Yannis disait:
– C'est à cause du jeu. Pour les filles, ça fait trop de sensations! Il faut qu'elle se repose, ça ira mieux après.
Jade lui a dit qu'il était trop bête et que seulement un Parisien pouvait dire une bêtise comme ça.
– Une fille, ça n'a pas plus ou moins de sensations qu'un garçon! Il y avait un inconnu dans la salle, et il était armé, je suis sûre. Je l'ai vu!

Bob, Lou et Yannis regardaient Jade comme si elle était folle. Elle, elle réfléchissait, mais même si elle réfléchissait encore et encore, elle était sûre: un inconnu l'avait poussée. Sauf que tout le monde lui disait que ce n'était pas possible. Sa grand-mère disait toujours que les jeux vidéos, ça rend fou. Et si mamie Gâteau avait raison? Si la RV l'avait rendue folle, elle, Jade, comme son nouveau copain rendait mamie Gâteau folle d'amour?

6. Virtuel ou réel! *(suite)*

– Et moi, je te dis que non!
– Et moi, je te dis que si!
– Et moi, je vous dis qu'on n'en sait rien!

Après le jeu d'évasion, tous les ados reçoivent un plan de Marseille et les animateurs leur expliquent qu'ils ont deux heures pour se promener. Les trois amis vont en direction du Vieux-Port. Un oncle de Yannis travaille dans un café, au bord du quai, et Yannis a décidé de lui présenter ses nouveaux amis.
– À l'époque, quand nous vivions encore à Paris, il nous recevait chez lui à chaque fois que nous venions passer les vacances à Marseille. Comme ma mère, il est d'origine arabe, il est né au Maghreb, mais c'est devenu un vrai Marseillais. Vous verrez! Chez tonton Mo, on est toujours reçus comme en famille.

Et c'est vrai. Le restaurant où travaille l'oncle de Yannis est juste sur le port, c'est très beau. En plus, c'est le jour du marché, il y a beaucoup de choses à voir. Tonton Mo les reçoit vraiment comme si Jade et Lou étaient de la famille. Les amis s'installent à la terrasse, ils commandent leurs boissons et continuent leur discussion. Sujet: est-ce que oui ou non, il y avait un inconnu *réel* dans la réalité *virtuelle*?

– Jade, tu sais, tu as tant d'imagination que peut-être … tu as seulement cru voir un homme. Mais c'était juste dans ta tête.
– Ou alors c'était un personnage du jeu. Tu nous as suivis, c'est la première fois que tu jouais, peut-être que …
– Écoutez: je vous suis, je vois un inconnu, et tout à coup, hop! J'ai reçu un coup de pied, je suis tombée, et là, regardez …
Elle leur montre une grosse tache bleue sur son bras.
– Ça, ce n'est pas mon imagination. Moi, je vous dis qu'il m'a fait mal.
Elle les regarde, presque en colère.
– Ce n'est pas un problème d'informatique ou de codage du jeu! Il y avait un homme dans la pièce, il était armé, et je crois qu'il est dangereux.
– Bon, d'accord, on va dire que tu as raison. Qu'est-ce qu'il cherchait, tu crois?
– Je ne sais pas. Le seul indice, c'est sa boucle d'oreille.
– Tu sais quoi? On va demander à Mo. Ils reçoivent beaucoup de monde ici, peut-être qu'il aura une idée.

Mais l'oncle Mo ne les aide pas. Au contraire! Il regarde le papier de Jade, puis il dit:
– Ça ressemble à quelque chose que j'ai déjà vu, mais je ne sais pas quoi …
– Mais comment ça, tonton?!
– Ben, comme je vous dis: ça ressemble à quelque chose que j'ai déjà vu, mais je ne sais pas quoi … Faut dire que nous recevons beaucoup de monde, ici. C'est peut-être un code secret? Désolé, les enfants! J'ai envie de vous aider, mais …

Déçus, les amis finissent leurs boissons, font une balade sur le Vieux-Port, puis retrouvent le groupe de la colo, au carrefour entre le Vieux-Port et la Canebière pour faire un dernier tour au centre-ville tous ensemble. Tout le monde discute, rigole, raconte «sa» visite de la ville …

Tout le monde, sauf Jade. Elle est un peu inquiète. Pour elle, il y a deux possibilités: soit elle a rêvé, et elle ne sait plus ce qui est réel et ce qui est virtuel. Ça veut dire qu'elle est folle. Soit elle a raison … Et là, ça veut dire qu'un homme armé se promène dans Marseille.

7. La signature

Jade a bien dormi, malgré les aventures de la veille. Et aujourd'hui, c'est elle qui va pouvoir montrer aux autres ce qu'elle sait faire. Parce qu'aujourd'hui, la colo des Sardines à l'Huile va découvrir la Friche de la Belle de Mai et participer à un atelier de street art. Trop stylé!

– Est-ce que vous savez ce qu'est la Belle de Mai?

JoHo a 22 ans, il est artiste de street art et vit à Marseille depuis toujours. C'est lui qui reçoit le groupe et accompagne les jeunes ce matin. Avant l'atelier, il leur fait une visite guidée du quartier.

– Il y a deux siècles, ici, vivaient surtout des riches Marseillais. Le quartier s'appelait déjà La Belle de Mai, on dit que c'est parce qu'il y avait une vigne du nom de Bèla de Mai. Bèla de Mai, c'est un nom provençal, mais ce n'est pas difficile à comprendre, non? Les mots provençaux sont un peu comme les mots français.

Tout le monde répond que non, bien sûr. Bèla de Mai, Belle de Mai, trop facile! Le guide continue:

– Ensuite, il s'est passé quelque chose qui a tout changé. Vous devinez de quoi je parle? Alors? Qui veut donner une réponse? Oui, toi. C'est quoi ton prénom?
– Yannis! On a construit un port, le port de la Joliette. Et les gens qui travaillent dans les ports sont arrivés, bien sûr.
– On les appelle les dockers. Le quartier a commencé à changer. On a construit des usines de sucre, de tabac, et bien d'autres choses. Et avec les usines, on a vu arriver les ouvriers, à la Belle de Mai, et avec les ouvriers …
– … les immigrés!
– Waouh! Yannis, je vois que tu connais bien l'histoire du quartier.
– Ben, moi aussi, ma famille était immigrée, donc je connais un peu l'histoire de l'immigration, oui.
– Yannis … C'est un prénom maghrébin?
– Oui! Ma famille vient du Maroc.
– À la Belle de Mai, il y avait surtout des immigrés italiens. Les Maghrébins, eux, allaient plutôt dans les quartiers nord. C'est comme ça que sont nées les célèbres cités nord de Marseille. Mais Marseille est une ville avec un grand port, et l'immigration a toujours été très importante dans la ville. Et les Marseillais aiment leur histoire, avec leurs différentes cultures, leurs différentes origines …

La visite continue. JoHo raconte que sa famille est venue de Sicile, mais qu'ici il y avait surtout des gens de Toscane.
– Pour les Italiens, comme pour tous les immigrés, Marseille, c'était la ville de la liberté. Chez eux, on les mettait en prison quand ils protestaient contre la politique du pays par exemple.

Il raconte aussi que dans les années 1960, la manufacture de tabac marseillaise était la plus grande de France. Mais ensuite, tout a changé.
– On fumait moins, les ouvriers n'avaient plus de travail, alors ils quittaient le quartier. Ceux qui restaient ici étaient plus vieux. Les maisons aussi étaient de plus en plus vieilles. Les magasins fermaient … En 1992, la ville de Marseille a décidé de faire de ce quartier un quartier culturel. Et depuis, la Belle de Mai est l'endroit préféré de beaucoup d'artistes …
– C'est vrai qu'on tourne aussi des films ici?
– Oui! Il y a même un studio de cinéma. Mais aujourd'hui, la Belle de Mai est surtout connue pour le street art. Tout comme

le cours Julien. C'est une place au centre-ville. Si vous aimez le street art, allez-y! Est-ce qu'il y a des tagueurs dans le groupe?
– Oui! Moi!
– Ah, une tagueuse, c'est top! Il n'y a pas encore beaucoup de filles qui taguent. Allez, venez! Suivez-moi! Je vais vous expliquer ce que c'est le street art. Tu m'aideras? C'est quoi ton nom?
– AkNaé.

Jade est heureuse de se présenter comme une vraie tagueuse. Et la Friche de la Belle de Mai est passionnante quand on aime le street art. Elle reconnaît des artistes grâce à leur style ou à leur signature. JoHo est un super greeter, il leur explique comment pratiquent les artistes, comment chacun trouve sa place sur les murs, comment les artistes étrangers influencent les tagueurs marseillais …

Il connaît beaucoup d'anecdotes, sur les artistes, sur la Friche, sur les œuvres qu'ils découvrent … Jade est tellement heureuse de cette visite qu'elle oublie son aventure de la veille. Après la visite, JoHo va leur donner du matériel, un grand mur, et Jade va pouvoir montrer ce qu'elle sait faire. Et aussi apprendre de nouvelles techniques avec un vrai artiste. Trop cool! Elle va pouvoir laisser une œuvre d'AkNaé sur cette célèbre Friche. Elle adore cette colo, ce soir, elle va appeler sa mère pour la remercier de cette super idée! Déjà, elle fait plein de photos pour son compte Staboum, son réseau social préféré, quand, tout à coup …

La boucle d'oreille! Incroyable!

Mais c'est vrai: sur le côté d'un mur, en bas, elle reconnaît le même dessin que sur la boucle d'oreille de l'inconnu du jeu d'évasion. Un croissant. Et quatre étoiles …

8. Le mystère du croissant étoilé

Jade ne peut pas arrêter de parler.

– Non, mais vous avez vu? C'était le même dessin! Ça veut dire que je n'ai pas rêvé! Ce n'est pas un dessin que j'ai imaginé, c'est quelque chose qui existe!
– C'est vrai que, maintenant, je te crois plus facilement qu'hier, Jade.
– Merci, Lou. Et toi, Yannis, tu me crois aussi, maintenant?
– Moi, je réfléchis. Je veux dire: bien sûr que je te crois. Mais JoHo a dit qu'on trouvait ce genre de dessins très souvent. Pour lui, ça ne veut rien dire. Alors ça ne nous aide pas vraiment …
– D'accord, il a dit qu'on en trouve souvent sur les murs. Mais je pense qu'on doit en trouver moins souvent que sur des boucles d'oreille, non?
– Peut-être. Bon, on fait quoi alors? Tu sais, Jade, tu peux peut-être oublier cette histoire. Tu n'as pas rêvé, O. K. Mais je suis sûr qu'il y a une explication logique.
– Moi, j'avais déjà oublié ton histoire de croissant, Jade. Fais comme moi!

Mais Jade ne peut pas oublier l'inconnu aussi facilement que Lou. C'est peut-être idiot, mais elle a peur. Peur que l'homme au croissant étoilé soit dangereux. En même temps, tout le monde lui dit toujours qu'elle a trop d'imagination, qu'elle rêve sa vie, qu'elle oublie la réalité, qu'elle confond les deux, le rêve et la réalité …

Mais quand même:
– Bon, là, on est tous d'accord: je n'ai pas rêvé! Donc l'homme avec la boucle d'oreille existe vraiment!
– Oui, on est d'accord, mais …
– Non! Pas de mais! Lou, il ne peut pas faire partie du jeu d'évasion. Ça n'a pas de sens! Tu le sais aussi bien que moi: si

c'était un personnage, alors quel rôle jouait-il? Et si c'était un problème d'informatique, alors pourquoi est-ce que je suis tombée?

– Tu veux quoi, Jade? On fait quoi?

– Je veux qu'on fasse des recherches sur Internet. C'est le mieux. Je sais que ce dessin existe. Je veux savoir ce qu'il veut dire. Peut-être qu'après, je pourrais oublier.

– Écoute, voilà ce que je vous propose: on a encore une heure et après, on doit retrouver le groupe. Si vous êtes d'accord, on s'installe à une terrasse, et on cherche, O. K.?

– Moi, j'ai déjà cherché vite fait, mais comme je n'ai pas vu la boucle d'oreille, je ne suis pas sûr du dessin.

– T'inquiète, Lou. J'aime bien l'idée de Yannis. Si on s'installe, je trouverai plus facilement que si on cherche pendant qu'on marche.

9. La mort du croissant

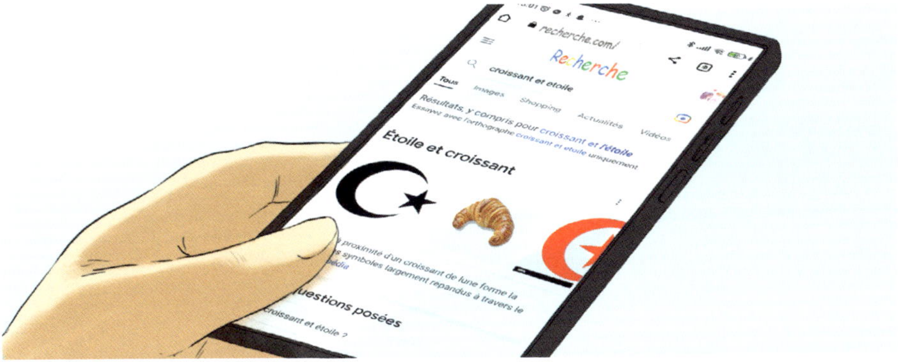

Les trois amis s'installent à l'extérieur et s'assoient à la terrasse d'un bel hôtel typiquement provençal. Sur leurs portables, ils testent différents mots-clés: «croissant et étoile», «croissant et étoiles», «croissant étoilé» et aussi «que veut dire croissant étoilé?». Les réponses ne les aident pas vraiment.

– Ici, ils disent que le croissant vient de l'Orient.

– Et ici, ils disent que ça vient de Grèce …

– Là, je lis que c'est un symbole religieux.

– Quelle religion?

– Ben, ils parlent de plusieurs religions. Et de plusieurs pays. Et de plusieurs époques! Sérieux, Jade! Si tu avais vu un pain au chocolat, ça aurait été plus facile!

– Très drôle, Yannis. Le problème, c'est qu'il y avait quatre étoiles. Et quand tu écris «croissant et quatre étoiles» sur Internet, tu trouves «boulangerie étoilée»!

– Il faut vraiment qu'on trouve la solution le plus vite possible! Si on continue de parler de croissants, je vais avoir très très faim.

À ce moment-là, une femme qui est assise à la table à côté d'eux leur dit:
– Bonjour! Dites, excusez-moi de vous déranger, mais je peux peut-être vous aider.
Les trois amis la regardent, surpris.
– Oui, je suis désolée, je sais que c'est pas très joli d'écouter les conversations des autres, mais, euh … Moi, j'adore écouter les conversations des autres!
La femme rit. Les ados la trouvent tout de suite très sympa. Elle a l'air très cool. Et surtout: elle a l'air de connaître leur croissant étoilé car elle leur explique:
– Si j'ai bien compris, vous cherchez ce que veut dire un croissant avec quatre étoiles, c'est bien ça?
– Oui, c'est ça! Vous le savez?
– Oui! Oubliez Internet et choisissez Mireille! Car Mireille sait! Au fait: c'est moi, Mireille, enchantée!
Les ados se présentent à leur tour.
– Et vous êtes ici en vacances?
– Oui, en colo.
– Ah, c'est génial ça, les colos! C'est moins bien que les vacances avec les grands-parents, mais c'est génial quand

même. Quand j'avais votre âge, j'adorais partir avec les copains, et …

Aïe! Jade connaît bien ce genre de femme. Sa tante Marceline est pareille. Si on la laisse parler, elle ne s'arrête plus et elle vous raconte sa vie depuis sa première dent jusqu'à son dernier mari. Vite! Jade lui coupe la parole.

– Excusez-moi, mais on n'a pas trop le temps, alors …

– Ah oui! Excusez-moi, je parle vraiment trop! Eh bien, le croissant avec quatre étoiles, moi, je sais ce que c'est. C'est le dessin du drapeau des Comores.

– Des quoi?

– Des Comores! Oh non! Ne me dites pas que vous ne connaissez pas les Comores! Pourtant, vous êtes à Marseille. On dit que Marseille est la vraie capitale des Comores. Vous ne le saviez pas!

10. Le mari de Mireille

Mireille leur explique:
– Quand j'avais 20 ans, je me suis mariée avec un Comorien. Un très bel homme, vraiment! C'est comme ça que j'ai découvert la communauté comorienne de Marseille.

Elle raconte:
– Je ne vais pas vous faire un cours d'histoire-géo, moi, à votre âge, je n'avais jamais entendu parler des Comores, et ça ne me manquait pas! Mais quand j'ai rencontré mon mari, j'ai rencontré une histoire et une culture formidables! Vous savez déjà que Marseille est une ville multiculturelle, non? La ville est célèbre aussi pour ça. Il y a des immigrés du Maghreb, d'Asie et d'autres pays d'Europe … Les Africains, eux, sont arrivés à Marseille dans les années 1970 et 1980. Il y avait surtout beaucoup de Sénégalais, mais aussi beaucoup de Comoriens. Les Comores, ce sont plusieurs îles dans l'océan Indien. À l'époque, les pays européens avaient des colonies, en Afrique. Les Comores étaient une colonie française jusqu'en 1975 et …
– Pardon, madame, mais ça ressemble quand même à un cours ça!
– Yannis!
– Ben quoi?
– Il a raison, Jade! Je suis prof de collège et j'adore l'histoire. Depuis les années 1940, beaucoup de marins africains et surtout comoriens sont arrivés à Marseille. Aujourd'hui, on dit que 10 % des Marseillais sont d'origine comorienne.
– C'est beaucoup?
– On dit aussi que Marseille est la plus grande ville des Comores, même avant Moroni, la capitale. Donc oui, c'est

beaucoup. Les Comoriens se sentent très bien ici, d'ailleurs, nous sommes ici dans un des quartiers comoriens. Vous ne le saviez pas?

– Non!

– Non!

– Et donc, le croissant étoilé est le dessin du drapeau des Comores?

– Exactement! Je l'ai tout de suite reconnu, mon mari avait une médaille avec le drapeau des Comores. Il la portait tout le temps. Regardez!

Mireille leur montre une photo: on voit un bel homme avec une médaille, et sur la médaille: un croissant et quatre étoiles. Lou et Yannis ont déjà cherché sur Internet pendant que Mireille parlait, et c'est vrai: le dessin que Jade a vu, c'était celui du drapeau comorien.

– Super! Et maintenant?

– Vous ne voulez pas me raconter pourquoi vous cherchez ce croissant étoilé?

Jade raconte son aventure.

– Donc, tu as vu un homme avec le drapeau comorien, et cet homme était armé?

– Je crois! Enfin: je suis sûre pour le dessin, mais pas pour l'arme. Et puis, le croissant n'était pas sur une médaille ou un drapeau. Il était sur une boucle d'oreille.

– Une boucle d'oreille! Mmmm … Laissez-moi réfléchir à tout ça deux minutes. J'ai peut-être une idée …

11. Le jeu du téléphone

Pendant que les ados la regardent, Mireille prend son téléphone et commence à envoyer des messages. Elle tape très vite, comme une jeune. On voit qu'elle est passionnée par l'histoire de Jade.

– Bon, on va faire fonctionner le meilleur téléphone de Marseille. Vous savez ce que c'est?

– Non! C'est quoi?

– Ben, c'est la rumeur! On va faire le jeu du téléphone.

Mireille rigole.

– Vous ne connaissez pas le principe?

– Non, c'est quoi?

– Tu appelles quelqu'un, tu lui racontes quelque chose. Ce quelqu'un appelle quelqu'un d'autre, et lui raconte ce que tu as raconté ... plus ou moins! Ce quelqu'un d'autre appelle encore quelqu'un et lui raconte ce qu'il a entendu ... plus ou moins! Et ainsi de suite. Quand tout le quartier a entendu l'histoire, on a les informations qu'on cherchait ... plus ou moins! Donc là, je vais demander. Regardez, tout le monde fait comme ça!

– Ce n'est pas ce que j'ai raconté, Mireille!
– C'est pas grave!
– Euh … Excusez-moi, Mireille, mais ce n'est pas plus sûr de demander à votre mari?
– Mon mari! Quel mari? Ah lui! Il était trop jaloux, je ne suis pas restée avec lui. Non non, croyez-moi: nous allons recevoir des messages très originaux dans moins d'un quart d'heure et nous saurons qui est l'inconnu au croissant étoilé.

Rapidement, le téléphone de Mireille sonne toutes les deux secondes. Elle lit:

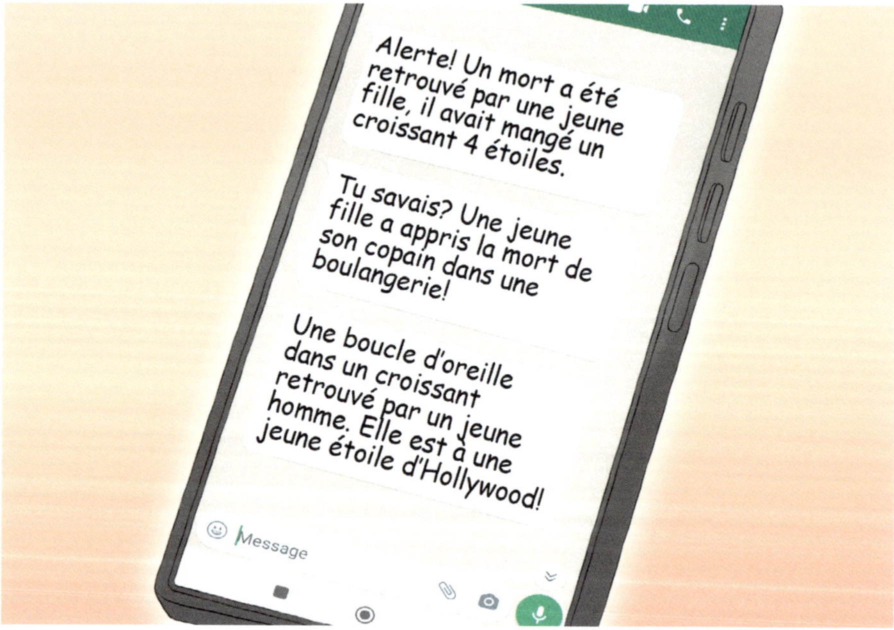

Les amis s'amusent.
– C'est comme le cours sur les fake news qu'on a eu au collège. Tout le monde raconte des trucs, mais personne ne cherche la vérité.

– Si ça continue, ce soir, je serai en prison parce que j'ai tué un croissant! rigole Jade.
– C'est vrai que ça va super vite.
Lou est surpris.
– Je croyais que les fake news, ça n'existe que sur les réseaux sociaux, mais c'est super facile de les fabriquer.
– Souviens-toi, quand tu es allé au ciné avec Naïma il y a deux mois. Enzo vous a vus, il l'a dit à Lucas, Lucas l'a raconté à Sarah, et deux jours plus tard, tout le collège racontait que vous étiez mariés!
– C'est vrai. Ça arrive tout le temps des histoires comme ça.

Tout à coup, Mireille pousse un cri de victoire:
– Ça y est! J'ai l'info! Je sais qui est l'inconnu du jeu d'évasion!
Elle regarde son téléphone et dit:
– Mais … Mais … Noooon! Ce n'est pas possible! Pas lui! Pas Émile! C'est horrible!

12. Mais qui est Émile?

Les trois amis ont dû rentrer à la colo. Mireille ne voulait pas leur en dire plus. Elle leur a donné rendez-vous le lendemain, dans le quartier de Noailles.
– On se retrouve vers 18 heures. Allez, à demain!

À la colo, les animateurs leur avaient préparé une surprise géniale: une visite guidée du château d'If! Ils ont pris un bateau, il faisait super beau, la Méditerranée était toute bleue, ils ont même vu passer des dauphins!

Sur la petite île méditerranéenne très célèbre, ils ont visité le château d'If, et aussi la très belle tour, la tour Saint-Jaume, et entendu l'histoire du Comte de Monte-Cristo. C'est une histoire très célèbre qui raconte comment des gens jaloux ont fait enfermer un jeune marin en prison. Il y reste 14 ans et rêve de vengeance.

Comme la visite a lieu le soir, on peut bien imaginer l'ambiance. C'est amusant parce que l'histoire du Comte de Monte-Cristo est très célèbre, mais personne ne la connaissait. Alors la découvrir à l'endroit où elle a eu lieu, c'est trop génial!

L'animateur qui fait la visite leur raconte comment le Comte prépare son évasion, comment il trouve un trésor, et comment finalement, il se marie avec l'amour de sa vie. C'est une histoire passionnante que les ados écoutent. Ils mangent des merguez que les animateurs ont fait griller. C'est mieux qu'au restaurant!

Après le repas et l'histoire, ils font du feu et chantent des chansons de pirates. Super drôle: les animateurs chantent une phrase et les ados doivent répéter. Les animateurs chantent de plus en plus vite, les ados n'arrivent pas à faire comme eux. Tout le monde s'amuse, rit …

Jade, Lou et Yannis aussi sont heureux! Mais Jade n'arrive pas à oublier son aventure au jeu d'évasion. Elle n'a plus peur. Mais elle a quand même des questions:
Est-ce qu'elle a vraiment vu un homme armé ou était-ce autre chose?
Cet Émile, dont a parlé Mireille, est-il cet homme?
Si non, qui est l'inconnu? Et si oui, si c'est bien Émile qui était là, pourquoi? Que faisait-il là? Et qu'est-ce qu'il tenait dans les mains?

La jeune fille a hâte. Demain, ils vont revoir Mireille qui leur donnera peut-être toutes les réponses.
– Ça ressemble à une série télévisée! pense Jade. «Qui est Émile? Est-il coupable? Vous le saurez si vous regardez demain votre série préférée, *L'évasion d'Émile*.»

À minuit, les ados rentrent à la colo et vont tout de suite se coucher. Même Jade dort tout de suite …

13. C'était lui!

Enfin! Aujourd'hui, les trois amis vont – peut-être! – savoir qui est l'inconnu avec la boucle d'oreille comorienne. Mais avant: petit-déjeuner et sport.

Aujourd'hui, c'est une journée 100 % marseillaise, leur a dit Bob. Pour commencer, ce matin, la colo va visiter LE plus beau stade du monde: le stade Vélodrome marseillais! Les Marseillais adorent le foot, et pour eux, l'OM est le meilleur club de tout l'univers. Donc, c'est normal que les animateurs leur montrent le stade.
– En ce moment, il n'y a pas de matchs, à cause des vacances, explique Bob. Mais sinon, les soirs de match, il y a du monde partout. Pour les Marseillais, le stade Vélodrome, c'est comme leur maison.
– Je ne comprends pas pourquoi. C'est un terrain de sport comme un autre.
Yannis n'aime pas le foot, mais il n'ose pas le dire trop fort parce que Bob aussi est fan de l'OM, bien sûr!

Après le stade, direction la Canebière.
– Ce midi, vous allez manger un authentique repas marseillais. Vous savez quel est le plat le plus célèbre, à Marseille?
– La bouillabaisse? demande Lou.
– Exactement! La bouillabaisse! Et est-ce que vous savez ce qu'il y a dans la bouillabaisse?
– Du poisson, répond Yannis.
– Bravo Yannis! Comment savais-tu que c'était la bonne réponse?
– Parce que c'est mon jour de chance.

Yannis n'aime ni le foot, ni le poisson.
– Et mes parents m'obligent quand même à vivre à Marseille! dit-il à ses amis.

L'après-midi, tout le monde va se baigner aux calanques, bien sûr. Et comme on ne peut pas y aller en car, il faut marcher.
– Des kilomètres et des kilomètres! Cette colo est de plus en plus dure … Un cauchemar! Je l'ai toujours dit!
Lou et Jade rient quand ils voient la tête de Yannis.
– Laisse-moi deviner, Yannis: tu n'aimes pas marcher, non plus?
– Nope.

Les calanques sont un endroit magique. Jade adore la mer, et pendant toute la promenade, elle ne la quitte pas des yeux. La grande bleue, comme on appelle aussi la Méditerranée, est vraiment magnifique sous ce soleil et dans ce paysage. Jade rêve … Elle ne regarde plus le chemin. Tout à coup, Yannis lui attrape le bras.
– Hey, Jade! Fais attention aux vélos!
Il a raison: un groupe de jeunes en VTT les dépasse.
Jade s'arrête, et son cœur aussi, presque!
– Non! C'est pas vrai! Vous avez vu?

– Non, quoi?
– Là! Un des garçons à vélo! Il avait … il avait …
– Quoi, Jade? Parle! Tu es toute blanche. Tu vas bien?
– Non! C'est …
Jade a du mal à le croire. Le garçon avec la boucle d'oreille! C'était lui! Elle en est sûre! Il était dans le groupe à vélo!

Mais elle n'ose pas en parler aux autres. Et si elle avait rêvé ou si elle devenait folle? Ou pire encore: si le garçon l'avait reconnue et la suivait? Qu'est-ce qu'il allait lui faire si un jour il la trouvait seule? Jade tremble.
– Non, c'est rien. J'ai juste eu peur.

Il faut vraiment qu'ils parlent à Mireille.

14. Une histoire drôle ou une drôle d'histoire!

Les trois amis ont parlé de Mireille aux animateurs. Et ils sont trop sympas, ces animateurs! Ils comprennent que Jade veuille savoir qui l'a poussée. Alors ils ont décidé que tout le groupe allait au rendez-vous!
– On vous laissera tranquilles, ne vous inquiétez pas! C'est cool, votre rendez-vous est à Noailles, on visitera le quartier pendant que vous discutez avec votre nouvelle amie.

Peu avant 18 heures, les trois ados arrivent enfin au rendez-vous. Mireille est déjà là et avec elle: un garçon!
– Bonjour! Je vous présente Émile! Un garçon que j'ai vu grandir: son père et mon mari sont des amis. Émile, voici Lou, Yannis et Jade qui est presque morte de peur à cause de toi!

Émile est un garçon qui a leur âge ou un peu plus. Il a l'air très doux, très gentil. Comment pourrait-il être celui qui a poussé Jade? À ce moment-là, il tourne la tête et … la boucle d'oreille! C'est bien celle que Jade a vue. Mais …
– Euh, Jade, je suis vraiment désolé!
– Tu veux dire que …?
– Oui, c'est moi qui t'ai poussée. C'est moi que tu as vu. Je n'ai pas fait exprès! En fait, j'étais mort de peur, moi aussi.
– Je ne comprends pas. Mais dis-moi … Tu étais aux calanques cet après-midi?
– Non. Pourquoi?
– J'ai vu un garçon avec la même boucle d'oreille! C'est fou! J'ai cru que tu me suivais.

– Oh … On est plusieurs à porter ça. Les Comoriens qui grandissent en France ont souvent ça. C'était sûrement des gens du club de VTT qui s'entraînaient. Les calanques, c'est génial pour le VTT. Mais toi, tu as dû avoir très peur!
– Bon, dit Mireille, vous savez quoi? On va s'installer sur cette magnifique terrasse, on va commander des boissons et des olives à l'ail, et aussi quelques fruits de mer spéciaux, avec de l'aïoli si vous aimez ça, et Émile va tout vous expliquer.

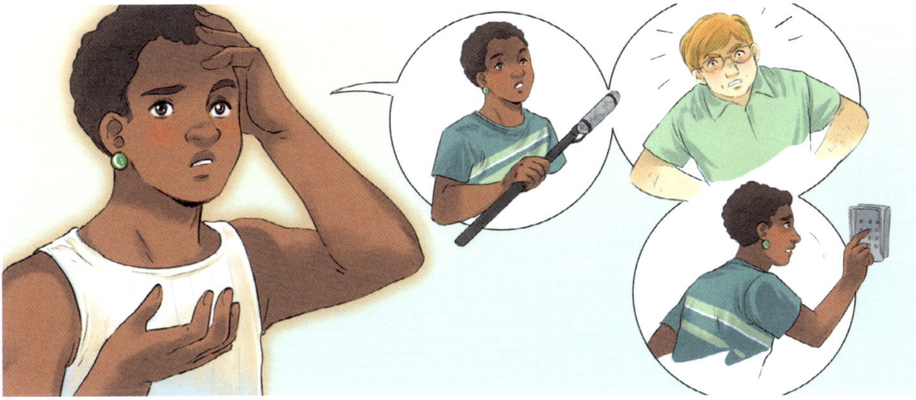

Ils s'installent, ils commandent … Et Émile raconte son histoire:
– Alors voilà: je fais mon stage chez un réalisateur de jeux d'évasion.
– Trop stylé!
– Oui, mais ce jour-là, je devais le retrouver dans une des salles de jeu pour le tournage d'une scène. C'est pour un nouveau jeu!
– Et donc?

– Ben, je ne suis pas entré dans la bonne salle. Je n'avais pas de clé parce qu'il y a un digicode. Mais comme il n'y avait pas beaucoup de lumière, je ne voyais pas les chiffres. Pas de clé et impossible de déchiffrer le code, j'étais déjà en retard … C'était horrible! Le réalisateur n'est pas très sympa. J'étais super nerveux: je devais être dans une salle de tournage et je me suis retrouvé dans une salle avec des gens qui couraient dans toutes les directions. J'ai eu peur, j'ai voulu sortir et j'ai couru. Désolé! Je ne voulais pas te faire de mal, Jade. Je ne t'avais pas vue …
– Et ton arme? Enfin, ce qui ressemblait à une arme?
– Mon arme? Quelle arme?
Émile a l'air vraiment surpris.
– Je n'avais pas d'arme! Quelle idée! Je … Oh!
Tout à coup, il se met à rire.
– Ah mais ça, c'était la perche!
– La perche?
– Oui! Une perche, c'est un micro avec un long manche.
Je devais la donner au réalisateur. C'est ça que tu as vu!

Tout le monde rit, surtout Jade! Ouf! Elle n'est pas folle! Les vacances vont vraiment commencer, elle va pouvoir se reposer … Et son aventure lui laissera de bons souvenirs finalement. Mireille, elle, est heureuse. Grâce à elle, tout finit bien!

– Alors les enfants, voulez-vous que je vous raconte la première fake news du monde? Vous connaissez l'histoire de la sardine qui grandissait, qui grandissait et qui a bouché le port de Marseille?

FIN

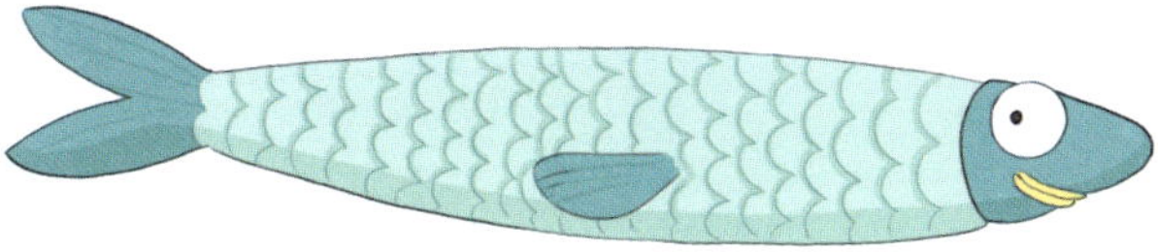

Liste des mots

Symbole und Abkürzungen

f. weiblich
m. männlich
pl. Plural
qc quelque chose (= etwas)
qn quelqu'un (= jemand)
fam. umgangssprachlich
une cité Vokabel aus SB Découvertes neu 3, *unité* 5

Folgende Vokabeln aus der *unité* 5 sind nicht in dieser Lektüre: quartier du Panier *ältestes Stadtviertel von Marseille, in der Nähe des Hafens,* Vallon des Auffes *kleiner Hafen in Marseille,* Marcel Pagnol *franz. Schriftsteller und Regisseur, 1895–1974,* un réalisateur / une réalisatrice ein (Film-)Regisseur / eine (Film-)Regisseurin.

Chapitre 1

partir en colo *(fam.)* ins Ferienlager gehen
une valise ein Koffer
un sac à dos ein Rucksack
un doudou ein Kuscheltier
un bébé ein Baby
sinon sonst; andernfalls
mon chéri / ma chérie mein Schatz
mourir sterben
mourir de faim verhungern
quelle galère *(fam.)* was für eine Qual
une colo *(fam.)* ein Ferienlager
avoir raison Recht haben
un ado / une ado *(fam.)* ein Jugendlicher / eine Jugendliche
un centre aéré ein Freizeitzentrum
... d'amour lieber / liebes / liebe ...
s'amuser sich vergnügen; sich amüsieren
mourir de rire sich totlachen
T'inquiète! *(fam.)* Mach dir keine Sorgen!
en bas unten; nach unten
grâce à qn / qc durch jdn. / etw.; dank einer Person / einer Sache

un pouvoir *hier:* eine Kraft
une gourde eine Trinkflasche
Zut! *(fam.)* Mist!
de ma part von mir

Chapitre 2

s'entraîner trainieren
un accent ein Akzent
marseillais / marseillaise aus Marseille
avé l'akzan *(fam. regional)* = avec l'accent mit dem Akzent
une compétition ein Wettkampf
un mensonge eine Lüge
une série télévisée eine Fernsehserie
un numéro spécial eine Sonderausgabe
un sportif / une sportive ein Sportler / eine Sportlerin
célèbre / célèbre berühmt
la pétanque das Boule-Spiel
un joueur / une joueuse ein Spieler / eine Spielerin
la couverture *hier:* das Cover
la rédaction die Redaktion
s'ennuyer sich langweilen
une colonie ein Ferienlager
un centre-ville ein Stadtzentrum; eine Stadtmitte
s'installer *hier:* sich zurechtfinden; ankommen
se cacher sich verstecken
un rideau ein Vorhang; eine Gardine

Chapitre 3

une cité *hier:* eine Stadt
un chantier eine Baustelle
la Canebière *Prachtstraße in Marseille*
tant de so viel
un immigré / une immigrée ein Einwanderer / eine Einwandererin
le Maroc Marokko
original / originale / originaux / originales originell
faire faire qc à qn jdn. etw. machen lassen
une visite guidée eine Führung
le MuCEM *(Musée des Civilisations de l'Europe et de la Méditerranée)* das MuCEM *(Museum der Zivilisationen Europas und des Mittelmeers)*
mourir d'ennui sich zu Tode langweilen
exagérer übertreiben
un comédien / une comédienne ein Schauspieler / eine Schauspielerin
un prisonnier / une prisonnière ein Gefangener / eine Gefangene; ein Häftling
le Comte de Monte-Cristo der Graf von Monte Christo

le château d'If *Festung auf einer kleinen Insel vor Marseille*
fort / forte laut
la confiance en soi das Selbstvertrauen
se décourager den Mut verlieren

Chapitre 4

un pirate / une pirate ein Pirat / eine Piratin
une règle eine Regel
suivre qn / qc jdm. / etw. folgen
le matériel das Material
ILLUCITY *virtuelles Reality-Erlebniszentrum in Marseille*
un jeu d'évasion ein Escape Game
la réalité virtuelle die virtuelle Realität; Virtual Reality
trop stylé *(fam.)* der Hammer *(ugs.)*
la RV (réalité virtuelle) die virtuelle Realität; Virtual Reality
enfermé / enfermée *hier:* eingesperrt
spécial / spéciale / spéciaux / spéciales speziell; Spezial-; Sonder-
un casque de RV (réalité virtuelle) eine VR-Brille
une manette ein Controller
inquiet / inquiète besorgt
une évasion eine Flucht
paniqué / paniquée panisch
Notre-Dame de la Garde *berühmte Basilika in Marseille*
au cœur de im Herzen von
la cité phocéenne *Bezeichnung für die Stadt Marseille*
la Bonne Mère *Bezeichnung im Volksmund („die gute Mutter") für Notre-Dame de la Garde*
sentir *hier:* spüren
grogner *hier:* knurren
un ennemi / une ennemie ein Feind / eine Feindin
rentrer dans qc *hier:* gegen etw. laufen
réel / réelle real
l'Italie *(f.)* Italien
la Grèce Griechenland
le Maghreb der Maghreb *(Kulturraum in Nordwestafrika)*
une prison ein Gefängnis
le cœur das Herz
un coin eine Ecke
une arme eine Waffe
pousser qn jdn. schubsen
crier schreien
briller scheinen; funkeln
une boucle d'oreille ein Ohrring
une étoile ein Stern
un croissant *hier:* ein Halbmond; ein Croissant

Chapitre 5

armé / armée bewaffnet

se reposer sich ausruhen
une bêtise ein Quatsch
un inconnu / une inconnue ein Unbekannter, eine Unbekannte
réfléchir à qc über etw. nachdenken; überlegen
rendre qn fou / folle d'amour jdn. verrückt vor Liebe machen

Chapitre 6

une suite eine Folge
recevoir qc etw. empfangen; etw. bekommen
en direction de in Richtung
le Vieux-Port *Hafenviertel von Marseille*
au bord de qc am Ufer von etw.; am Rande von etw.; (nah) an etw.
un quai eine Anlegestelle
à l'époque *(f.)* damals; zu der Zeit
une origine ein Ursprung; eine Herkunft
arabe arabisch
un Marseillais / une Marseillaise ein Marseiller / eine Marseillerin
s'installer *hier:* sich hinsetzen
commander bestellen
un coup de pied ein Fußtritt
un bras ein Arm
un codage eine Codierung
un indice ein Hinweis; ein Indiz; ein Anzeichen
au contraire im Gegenteil
le papier das Papier
un code ein Code
un carrefour eine Kreuzung; ein Schnittpunkt
soit … soit … entweder … oder …

Chapitre 7

une signature eine Unterschrift
la veille am Vortag; am Vorabend; am Tag zuvor
la Friche (de la Belle de Mai) *Kulturzentrum und Kreativpark in Marseille, ehemalige Tabakfabrik*
le street art *(l'art de la rue)* die Streetart *(die Straßenkunst)*
il y a vor *(zeitlich)*
riche / riche reich
une vigne eine Weinrebe
provençal / provençale / provençaux / provençales provenzalisch
construire bauen
le port de la Joliette *Handelshafen in Marseille, der im 19. Jahrhundert gebaut wurde*
un docker / une (femme) docker ein Hafenarbeiter / eine Hafenarbeiterin
une usine eine Fabrik
un ouvrier / une ouvrière ein Arbeiter / eine Arbeiterin

un immigré / une immigrée ein Einwanderer / eine Einwandererin
l'immigration *(f.)* die Einwanderung
les quartiers nord *(m.) (pl.) Viertel im Norden von Marseille*
une cité *hier:* eine Hochhaussiedlung
la Sicile Sizilien
la liberté die Freiheit
fumer rauchen
le cours Julien *Straße in Marseille*
le tagueur / la tagueuse der Sprayer / die Sprayerin
C'est top! *(fam.)* Das ist mega! *(ugs.)*
un greeter ein Greeter *(Person, die Touristen ihre Heimatstadt zeigt)*
pratiquer qc etw. ausüben; etw. praktizieren
chacun / chacune jeder / jedes / jede
étranger / étrangère ausländisch
influencer qn / qc jdn. / etw. beeinflussen
laisser qn / qc jdn. / etw. hinterlassen; jdn. / etw. zurücklassen
remercier qn de qc sich bei jdm. für etw. bedanken
plein de *(fam.)* viel / viele
social / sociale / sociaux / sociales sozial
un côté eine Seite

Chapitre 8

un mystère ein Geheimnis
étoilé / étoilée mit einem Stern (versehen)
Ça n'a pas de sens! Das ergibt keinen Sinn!

Chapitre 9

la mort der Tod
à l'extérieur draußen; nach draußen
typiquement typisch
un mot-clé ein Schlüsselwort
l'Orient *(m.)* der Orient; der Osten
ça aurait été es wäre gewesen
à ce moment-là in diesem Augenblick
surpris / surprise überrascht
enchanté / enchantée (sehr) erfreut
une dent ein Zahn
couper la parole à qn jdn. unterbrechen
un drapeau eine Flagge
les Comores *(f.) (pl.)* die Komoren *(Inseln im Indischen Ozean)*
pourtant dennoch

Chapitre 10

se marier avec qn jdn. heiraten
formidable / formidable großartig

multiculturel / multiculturelle multikulturell
l'Asie *(f.)* Asien
l'Europe *(f.)* Europa
un Sénégalais / une Sénégalaise ein Senegalese / eine Senegalesin
une colonie *hier:* eine Kolonie
européen / européenne europäisch
l'Afrique *(f.)* Afrika
un marin / une (femme) marin ein Matrose / eine Matrosin
d'ailleurs übrigens
une médaille eine Medaille

Chapitre 11

la rumeur das Gerücht; die Gerüchteküche
taper *hier:* tippen
et ainsi de suite und so weiter (und so fort)
un accident ein Unfall
jaloux / jalouse de qn eifersüchtig auf jdn.
une alerte eine Warnung
un mort / une morte ein Toter / eine Tote
la vérité die Wahrheit
tuer qn / qc jdn. / etw. töten
pousser un cri de victoire einen Siegesschrei ausstoßen
horrible / horrible schrecklich

Chapitre 12

le lendemain am nächsten Tag
Noailles *buntes, multikulturelles Viertel in Marseille*
méditerranéen / méditerranéenne Mittelmeer-; mediterran
une tour ein Turm
la tour Saint-Jaume *einer der drei Rundtürme vom Château d'If*
enfermer qn / qc jdn. / etw. einschließen; jdn. / etw. einsperren
la vengeance die Rache
avoir lieu stattfinden
un trésor ein Schatz
un amour eine Liebe
une merguez *kleine, scharf gewürzte Bratwurst aus Rind- oder Lammfleisch*
faire griller grillen
faire du feu ein Feuer machen
tenir halten
avoir hâte es kaum erwarten
revoir wiedersehen
coupable / coupable schuldig
minuit Mitternacht

Chapitre 13

un stade ein Stadion
le stade Vélodrome *Fußballstadion in Marseille*
l'OM (Olympique de Marseille) *(m.)* *Fußballclub in Marseille*

un terrain de sport ein Sportplatz
oser faire qc wagen, etw. zu tun; sich trauen, etw. zu tun
une direction eine Richtung
authentique / authentique authentisch
une bouillabaisse *provenzalische Fischsuppe*
ni ... ni ... weder ... noch ....
obliger qn jdn. zwingen
se baigner baden
les calanques *(f.) (pl.) Felsbuchten in der Nähe von Marseille*
un kilomètre ein Kilometer
dur / dure hart; schwierig
nope nope; nein
attraper qc nach etw. greifen
un VTT ein Mountainbike
dépasser qn / qc jdn. / etw. überholen
avoir du mal sich schwer tun
trembler zittern

Chapitre 14

drôle de ... seltsam; komisch
laisser qn tranquille jdn. in Ruhe lassen
Ne vous inquiétez pas! Macht euch keine Sorgen!
grandir wachsen; aufwachsen
sûrement sicherlich; bestimmt
une olive eine Olive
l'ail *(m.)* der Knoblauch
les fruits de mer *(m.) (pl.)* die Meeresfrüchte
l'aïoli *(m.)* die Aioli *(Knoblauchmayonnaise; typisch provenzalisches Gericht mit Aioli)*
un réalisateur / une réalisatrice *hier:* ein (Spiel-)Entwickler / eine (Spiel-)Entwicklerin
le tournage der Dreh *(Film, Szene)*
une clé ein Schlüssel
un digicode ein elektrisches Türschloss
un chiffre eine Ziffer; eine Zahl
déchiffrer qc etw. entschlüsseln; etw. entziffern
nerveux / nerveuse nervös; aufgeregt
une perche *hier:* ein Galgen
un micro *(fam.)* ein Mikrofon
un manche *hier:* ein Arm
boucher qc etw. verstopfen